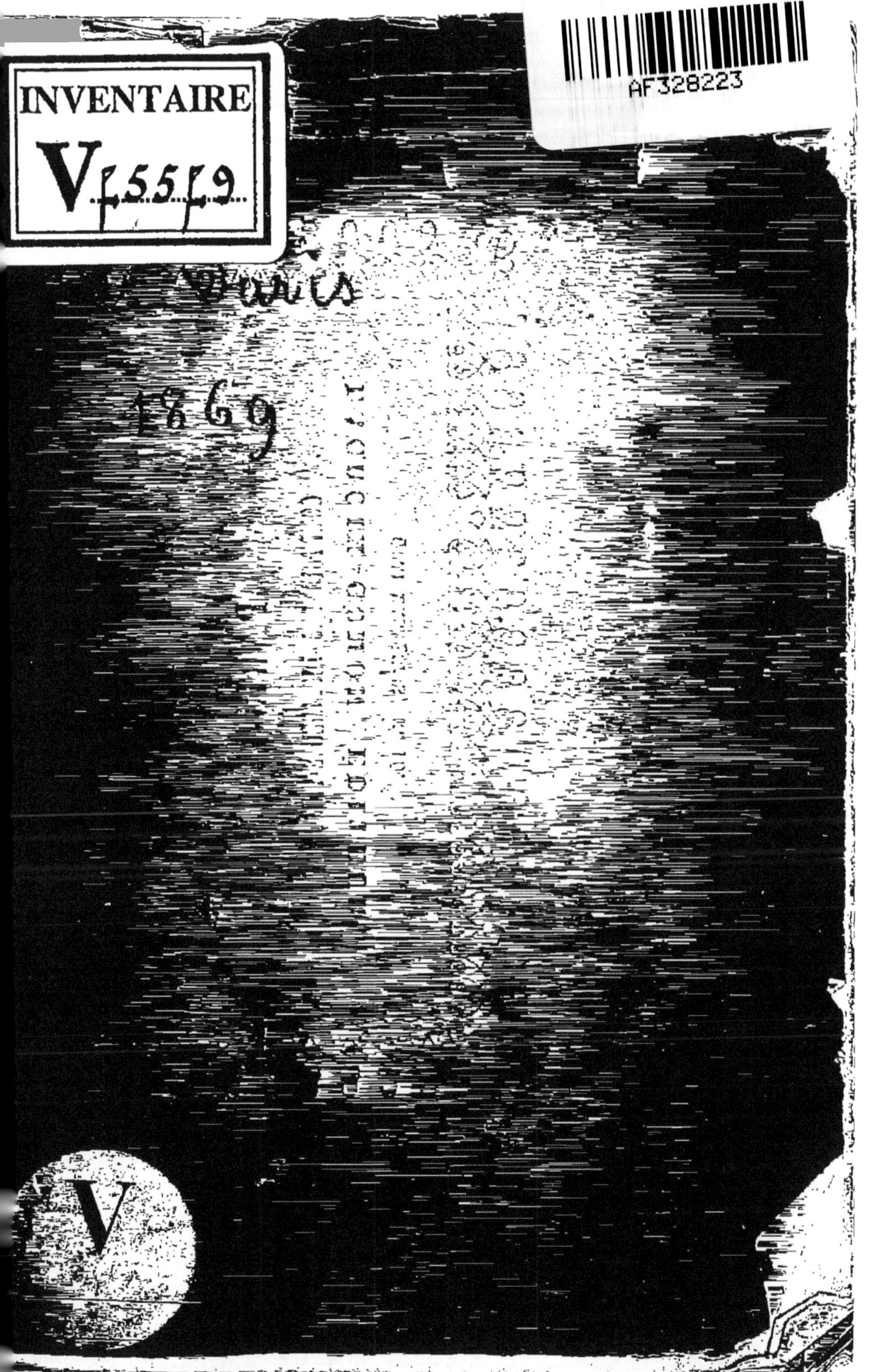

INVENTAIRE
V. 5. 5. 9.
Vaux
1869
V

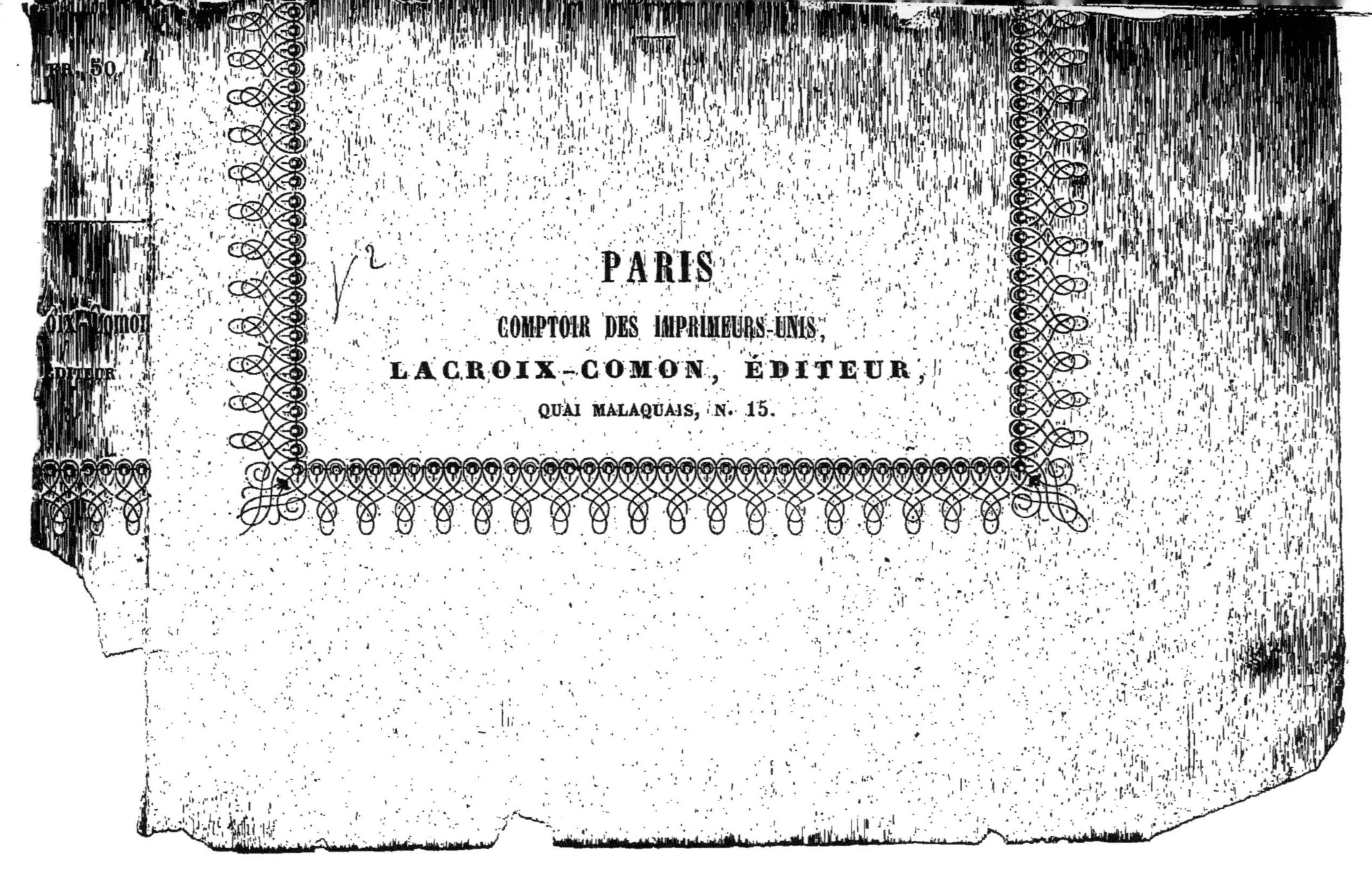

PARIS

COMPTOIR DES IMPRIMEURS-UNIS,

LACROIX-COMON, ÉDITEUR,

QUAI MALAQUAIS, N. 15.

DES PARIS

SUR LES

EFFETS PUBLICS

OU AUTRES MARCHANDISES

COTÉES A LA BOURSE

PAR

P.-A.-F. MALAPERT

PARIS

IMPRIMERIE POITEVIN

RUE DANIETTE, 2 ET 4

1869

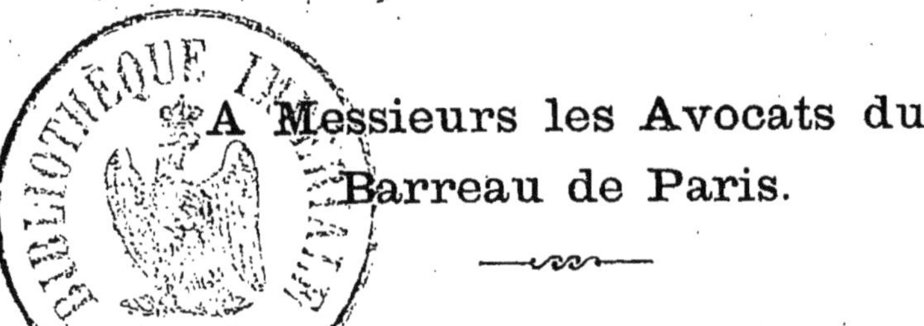

A Messieurs les Avocats du Barreau de Paris.

Chers Confrères,

Plusieurs d'entre vous m'ont fait l'insigne honneur de me demander ma Consultation sur la valeur des opérations de Bourse. Ce témoignage bienveillant m'est précieux; je ne peux vous dire à quel point j'en suis touché. Il m'a semblé que la meilleure manière de vous prouver ma gratitude était de faire réimprimer mon travail.

Je cède peut-être à un sentiment de vanité naïve en vous adressant cet opuscule, indigne de vous; mais je compte sur votre indulgence et vous prie de me conserver votre affection.

Votre bien dévoué confrère,

F. MALAPERT.

CONSULTATION

POUR

M....., AGENT DE CHANGE

CONTRE

LE SYNDIC DE LA FAILLITE......

Le Soussigné, l'un des anciens du barreau de Paris, docteur en droit, à qui M......, agent de change, ayant opéré pour la maison ...., aujourd'hui en faillite, a remis toutes les pièces de comptabilité et toute la correspondance échangée avec cette maison, consulté sur la question de savoir si M...... doit être admis comme créancier au passif de la faillite, est d'avis des résolutions qui suivent :

La maison . . . . est une ancienne maison de Strasbourg ; sa solvabilité était certaine, aucun doute ne s'élevait contre sa respectabilité. Elle se composait de M . . . . père, qui, depuis longtemps, négociant commissionnaire, avait associé son fils avec lui et avait largement étendu ses opérations et y avait joint le commerce des valeurs monétaires et le commerce de la Banque. Il pouvait y avoir des maisons plus riches dans la ville de Strasbourg, il n'y en avait pas de plus honorablement connue. On établira à la fin de cette consultation les points de fait qui n'ont pas permis à M . . . . . . d'hésiter un instant à accepter d'être l'intermédiaire de la maison . . . . . . Les opérations, à peine commencées en décembre 1868, se sont terminées fin de janvier 1869. A ce moment, le syndic de la Compagnie des Agents de change de Paris reçut une dépêche télégraphique dans laquelle on le prévenait et on l'engageait à prévenir ses collègues de n'accepter aucun ordre qui pourrait être donné au nom de la maison . . . . La déclaration de faillite a suivi de près cette dépêche, et M. . . . ., créancier de. . . . . demande son admission au passif. Les syndics contestent cette admission et soutiennent, suivant l'usage, qu'il y a eu jeu de la part de la maison . . . . ou de celui qui signait les ordres ; ils se basent sur ce qu'ils appellent l'exception de jeu pour ne pas comprendre le consultant dans la masse des créanciers.

Avant d'examiner les faits du procès, il convient de savoir sur quoi les syndics peuvent, en droit, étayer leur système. Il sera facile de démontrer d'abord que les opérations de Bourse peuvent être faites à terme ; secondement, que la jurisprudence les admet comme licites, quand elles ne dépassent pas les facultés probables de la partie qui les a faites. Partant de ces points que l'on pose déjà comme admis, bien que la preuve reste à faire, on peut dire que si les achats et les ventes de la maison . . . . n'ont pas dépassé la force probable de la maison, M. . . . . . . doit être admis à la faillite.

Le soussigné va donc examiner si les marchés à terme sont licites, puis jusqu'à quel point ils le sont. En dernier lieu, il s'enquerra des faits particuliers de la cause.

§ 1er

Des Marchés à terme.

Les marchandises sont vendues à terme quand le vendeur prend un certain délai pour faire la livraison. Il n'y a rien de plus simple et de plus licite qu'une pareille convention. Si vous supposez qu'un armateur du Havre ou de Dunkerque attende l'arrivée de plusieurs cargaisons, il lui sera certainement loisible de promettre qu'à telle époque, il livrera les marchandises à tel ou tel prix. De même un négociant de Strasbourg assuré que les cafés et les autres denrées coloniales ne manqueront pas dans nos ports, peut, à un moment donné, vendre telle ou telle quantité de ces denrées qu'il ne possède pas. Seulement il se les procurera pour les livrer en temps utile; personne n'a le droit de s'enquérir pourquoi le contrat est ou n'est pas intervenu. Il n'y a pas loin de cet agissement à celui du négociant qui achète les ivoires arrivés des Indes et s'en fait donner livraison, sauf à les revendre à la tabletterie. De part et d'autre on s'expose à subir des chances de hausse et de baisse, le commerce n'est pas autre chose. De toutes parts, on proclame avec raison que le commerce est utile, important, digne de l'intérêt des magistrats et des législateurs. On est allé plus loin et l'on a établi en principe que le développement de la richesse publique était en rapport avec l'activité commerciale d'un pays.

Il a été un temps ou l'on combattait ces idées salutaires en attaquant les monopoles et les accapareurs. Depuis Turgot et nos illustres économistes connus sous le nom de

Physiocrates, on ne conteste plus la légitimité des spéculations commerciales. Le dernier mot sur ce point a été dit dans un
ouvrage presque officiel, l'introduction de
M. le sénateur Michel Chevalier aux rapports
du jury international qui a jugé l'Exposition
de 1867. Cet illustre auteur démontre, dans
le § 2 du chapitre 3 de la première partie de
son travail, que trois choses concourent également à la prospérité d'un pays : la science,
le capital, la liberté. Il conclut en ces termes :
« On peut même, sans être téméraire, avan-
« cer d'une manière générale que là où les
« institutions sociales, dans leurs différents
« genres, sont frappées au coin de la liberté
« et où les mœurs et les opinions sont à la
« hauteur d'un tel régime, il y a toute rai-
« son de croire que la puissance reproduc-
« tive de l'individu et de la société prendra
« un rapide essor, si elle ne l'a déjà fait. »
Nous abriterons notre travail sous cette
solennelle et quasi officielle déclaration.
Nous le mettrons encore sous la protection
des idées en honneur et justement en hon-

neur aujourd'hui dans les conseils du Gouvernement, où l'on vante à juste titre les bienfaits de la liberté des transactions.

Les partisans de l'ancien système veulent faire une distinction entre marchandises et marchandises. Tels veulent exclure de la liste des achats à terme les farines, les vins, les alcools. Il n'est pas rare d'entendre plaider que telle opération sur les savons a été une aventure de joueur, de sorte qu'en vérité il est impossible de savoir où l'on cessera d'invoquer un texte créé pour les actes absoluments fictifs comme un coup de dés, une donnée de cartes. Il est des personnes plus avisées en apparence, qui se contentent de réserver leurs anathèmes pour les opérations sur les fonds publics. C'est encore un parti pris en dehors de la vérité et de la réflexion. Toutes les villes ont successivement voulu avoir des lieux déterminés par l'autorité, dans lesquels on pourrait, à volonté, chercher acquéreur ou vendeur pour des créances, des titres d'emprunt et surtout des fonds publics.

Ceux qui n'ont pas lu dans les vieux livres les transports d'enthousiasme et de reconnaissance des contemporains en l'honneur des rois qui ont érigé des Bourses de commerce, ne peuvent se faire une idée du malheur d'un pays dans lequel les échanges sont limitées où finissent les relations d'amis, de connaissances, de correspondants. Donc l'érection des Bourses a été un bienfait en ce qu'elle a favorisé la liberté des transactions. Sur cela aucune difficulté.

Mais de même qu'il est licite d'acheter ou de vendre des marchandises que l'on se procurera, de même il est licite d'acheter ou de vendre des actions, des titres de rente qui sont aussi des marchandises que l'on obtiendra facilement. Il suffira, au cas où on ne les aura pas devers soi, d'aller les prendre à la grande foire où il y en a toujours; c'est-à-dire à la Bourse. Il n'est pas plus immoral de vendre à terme du trois pour cent que de la farine six marques, que des huiles de colza, que des sacs de houblon.

En général, les jurisconsultes de notre

époque sont enclins à admettre ces idées ; il
leur reste pourtant un dernier scrupule puisé
dans d'anciens règlements d'avant 1789. Le
soussigné empruntera encore sur ce sujet
quelques lignes du travail de M. Michel
Chevalier, déjà invoqué. L'illustre auteur,
après avoir montré l'impossibilité de ravi-
ver les règlements de l'ancien régime, com-
plète et résume ses vues dans les termes
suivants (*p.* CCLXXX) :

« Il est donc indispensable d'élever une
« barrière infranchissable devant toute ten-
« tative d'exhumation d'anciens édits et
« d'anciens règlements.

« Ce serait donner des gages aux progrès,
« dans l'intérêt de l'industrie, comme pour
« la bonne gestion des affaires publiques
« en général, que de prononcer l'abrogation
« en bloc des lois de l'ancien régime, sauf à
« rajeunir par une loi, qui se réduirait à un
« très-petit nombre de dispositions, celles
« des mesures vraiment utiles contenues
« dans les anciens édits, arrêts du Conseil
« ou ordonnances, qui n'auraient pas été

« reprises et remodelées déjà par légistateur
« depuis 1789. »

Ce vœu part d'un bon esprit, ces réflexions
sagement exprimées, prouvées par de détes-
tables exemples cités par l'auteur, nous
conduisent à dire qu'il n'est pas désirable
que nous trouvions encore en vigueur des
arrêtés, des édits faisant obstacle à la liberté
des transanctions. Des hommes d'État à
courte vue ne l'ont point ainsi pensé. Chaque
fois que le Gouvernement a vu que les fonds
publics subissaient une forte dépréciation, il
en a accusé les agioteurs; chaque fois au
contraire que la spéculation a recherché les
valeurs du Trésor public, les anciens règlements ont été laissés dans l'ombre. La mo-
ralité de cette histoire est que les gouverne-
ments ne veulent point avoir tort, et que si
les capitaux, effrayés se retirent, ce sont les
capitaux qui ont tort en face de ministres
impeccables. La justice ne s'égare pas
dans de semblables routes; et maintenant
que vous nous avons exposé la théorie et
montré :

1° Que les marchés à terme ne sont pas réprouvés par la morale;

2° Qu'il n'est pas désirable de trouver des règlements anciens contraires à nos vues, nous allons aborder l'état de la législation.

Le premier règlement sur la matière est un arrêt du Conseil du Roi, en date du 24 septembre 1724 rendu après les déceptions du système de Law. On y imposait aux particuliers qui voulaient acheter ou vendre des papiers commerçables ou d'autres effets l'obligation de remettre l'argent ou les effets aux agents de change avant l'heure de la Bourse. Les agents de change étaient tenus de donner une reconnaissance par laquelle ils promettaient de rendre compte dans le jour de ce qu'ils auraient fait. De même les agents qui traitaient entre eux se promettaient de se fournir dans le jour, d'une part les effets négociés, d'autre part leur prix. Ces rigueurs durent tomber devant les besoins du public, et bientôt les marchés à terme, impossibles avec l'arrêté du 24 septembre 1724, se firent plus fréquents que jamais, parce qu'ils augmentent en proportion de l'accroissement de la fortune des nations. Il est une remarque importante à faire à propos de cet arrêt, c'est qu'au moment où il fut rendu, les jurisconsultes étaient unanimes pour réprouver le jeu et que cependant aucun d'eux n'avait songé à faire l'application des règles de droit en matière de jeu et de pari aux marchés à terme, portant sur des valeurs, actions, billets, titres d'emprunts ou autres. C'est ainsi que Pothier, dans son petit chef-d'œuvre sur le jeu, est muet sur notre question. L'arrêt de 1724 ne changeait pas les principes et ne flétrissait pas du nom de jeu une opération sérieuse; il la réglementait et édictait aux agents de change une mesure de police que le non-usage abrogea presque immédiatement.

Il arriva que le Ministre Calonne voulut recommencer les opérations de Law. On vit ce personnage ressusciter les Compagnies des Indes, favoriser les maisons de banque. Les cours prirent un essor rapide sous cette

impulsion officielle, puis ils tombèrent, parce que le Ministre n'avait pas de ressources
capables de faire face à ses engagements.
Turgot, en pareil cas, aurait cherché d'où
venait le mal et aurait tenté d'y porter re-
mède. Beaucoup moins convaincu que Turgot et surtout fort ambitieux, Calonne pensa
qu'en ravivant les prohibitions, il donnerait
une valeur à ses actions sur les brouillards
de l'Amérique; en conséquence, le 7 août
1785 il obtint un arrêt du Conseil qui rap-
pela bien mieux que l'arrêt de septembre
1724; il fit un cortége imposant à ce docu-
ment. Ainsi il invoqua des édits de décembre 1705, août 1708, mai 1713, novembre 1714, août 1720, janvier 1723; des
déclarations des 3 septembre 1709, 13
juillet 1714; des arrêts du conseil du 10
avril 1706, naturellement celui du 24 septembre 1724 et un autre du 26 février 1726.
L'arsenal est nombreux comme on le voit;
cependant il n'est pas d'usage, dans la dis-
cussion, d'en tenir compte. Calonne bien
que tout-puissant, n'osa pas prohiber les

opérations à terme, il les réglementa d'une telle façon qu'il sembla les rendre impossibles. Or donc, l'arrêt du 7 Août 1785 blâme *le jeu* sur les valeurs et porte ce que voici : « Déclare nuls S. M. les marchés et « compromis d'effets royaux et autres quel- « conques, qui se feraient à terme, *et sans* « *livraison desdits effets, ou sans le dépôt* « *réel d'iceux constaté par acte dûment con-* « *trolé au moment même de la signature de* « *l'engagement.* » — Comme tempérament à cet article, il fut dit que les marchés à terme déjà passés seraient exécutés.

Le nouvel arrêt pouvait-il recevoir son exécution ? évidemment non ; et nous allons le prouver par ce qui a suivi : S'il avait été possible de s'en servir en 1785, au moins faut-il décider qu'il serait absolument impraticable aujourd'hui. Les valeurs financières répandues dans le monde commercial dépassent probablement des centaines de milliards. Pour s'en faire une juste idée, il suffit de savoir que les statistiques de 1867 évaluaient à 12 milliards le capital engagé

dans les chemins de fer, capital représenté
en entier par des actions ou des obligations.
Se figure-t-on ce que seraient le matin chez
les agents de change de Paris les arrivages
de papier que nécessiterait la stricte observation de l'arrêt de 1785. Il en viendrait des
pleines voitures de tous les points du globe
et les classements à opérer seraient tels, que
des armées d'employés ne suffiraient pas.
On peut répondre que l'enregistrement du
certificat de dépôt au moment de la signature du marché obvierait à l'inconvénient
du transport. Oui, pour les opérations importantes, quand elles mériteraient un dépla-
cement. Mais il serait indispensable d'aller à
la Bourse soi-même, signer son marché sitôt
que l'agent de change en serait convenu avec
son confrère. Voyons maintenant ce qui se
passerait.L'heure sonne, les agents se rangent
en rond autour de la corbeille, l'un offre une
obligation, un dixième d'obligation du Crédit foncier. Le contrat est conclu. De suite
les deux agents descendent dans la foule,
cherchent l'acheteur et le vendeur, font

signer le marché et veillent aux formalités du contrôle. Pour des misères si peu intéressantes une heure s'est passée, la Bourse va fermer et le commerce pâtit une fois encore de la manie des réglementations. Les négociants n'acceptèrent pas l'arrêt du 7 août. Le 12 octobre un nouvel arrêt fut rendu, non pour déclarer nuls les marchés à terme contractés au mépris du précédent règlement, mais pour veiller à leur exécution. L'article premier chargea des commissaires de liquider ces opérations. L'article 2 du nouvel arrêt portait : « Ceux des porteurs desdits marchés « et compromis qui seront hors d'état de « satisfaire avant le 20 de ce mois au dépôt « ordonné des effets à livrer, seront tenus de « représenter dans le même délai lesdits « marchés ou compromis auxdits sieurs com- « missaires auxquels ils feront, en présence « des parties intéressées, leurs déclara- « tions et propositions sur les moyens de « remplir leurs engagements, ou sur les « engagements de liquidation qui pour- « raient y suppléer. » Puis, bien que les anciens édits, etc., soient réputés en vigueur, maintenus pour être exécutés l'article 8 ajouta : « Entend, Sa Majesté, qu'il pourra « être seulement suppléé au susdit dépôt par « ceux qui, étant constamment propriétaires « des effets qu'ils voudraient vendre, et ne « les ayant pas alors dans leurs mains, dépo- « seraient chez un notaire les pièces pro- « bantes de leur libre propriété. »

Ce nouvel arrêt a donc validé les marchés à terme conclus au mépris de l'arrêt précé- dent, et il fait plus, il valide à nouveau ces marchés pour l'avenir, sauf bien entendu la présentation d'un certificat de propriété dressé par un notaire, triste garantie dont se munissaient les insolvables et que négli- geaient les honnêtes gens.

Les règlements n'avaient point encore déterminé le délai dans lequel les marchés à terme devaient être exécutés. De sorte que les agents de change faisaient des opérations, dont l'échéance était souvent fort éloignée. Le 22 septembre 1786 intervint un nouvel arrêt portant : « Veut, en outre, S. M. qu'il

« ne puisse être fait à l'avenir aucun marché
« d'effets royaux ou autres effets publics
« ayant cours à la Bourse, pour être livrés à
« un terme plus éloigné que celui de deux
« mois à compter du jour de sa date ; déclare
« nuls tous ceux qui seraient à plus long
« terme. »

Fermons ici nos études sur l'ancienne législation, en disant que les marchés à terme n'y étaient pas prohibés ; qu'ils étaient simplement soumis à certaines conditions, c'est-à-dire au dépôt des titres ou à un certificat de propriété et enfin, à l'obligation d'être exécutés dans les deux mois.

La Révolution supprima les agents de change, et nos Assemblées statuèrent d'abord d'une manière ambiguë sur la valeur des anciens règlements de la Bourse. Toute personne qui a lu les mémoires et les journaux de ce temps, a vu les discours exagérés que chacun avait à la bouche.

Cependant il fut dit par un décret du 13 fructidor de l'an III de la République française, article 3 : « Tout homme qui sera

« convaincu d'avoir vendu des marchandises
« et effets dont, au moment de la vente,
« il ne serait pas propriétaire, est aussi
« déclaré agioteur et doit être puni comme
« tel. »

Ces lois de circonstance n'ont aucune valeur aux yeux des hommes raisonnables.

Nous arrivons à un acte plus important.

La Convention nationale, à la veille d'abdiquer ses pouvoirs, voulut réglementer la Bourse, comme elle avait réglementé toutes les relations de la vie civile et politique. Un décret du 28 vendémiaire de l'an IV statue *sur la police de la Bourse*.

L'article 4 du chapitre 2ᵉ de ce décret dispose : « Attendu que les marchés à terme
« ou à primes ont déjà été interdits par *de*
« *précédentes lois*, tous ceux contractés anté-
« rieurement au présent décret sont annulés
« et il est défendu d'y donner aucune suite
« sous les peines portées, etc. »

On s'est demanéé quelles étaient les anciennes lois auxquelles se référait la Convention. Ceux qui feront remonter ces lois à l'arrêt de 1724 seront pour la nullité radicale des marchés à terme, ceux qui tiendront que les *précédentes lois* rappelées sont les arrêts de 1785 et 1786 valideront les marchés à terme qui n'étaient pas absolument nuls sous cette législation, comme nous l'avons montré.

D'ailleurs, un arrêté du 2 ventôse de l'an IV, rendu par le Directoire exécutif, disposa sur la police de la Bourse, article 2 : « Nul ne pourra y vendre ou échanger des « matières ou espèces métalliques, ni des « assignats, et faire aucun traité y relatif, « si, conformément au vœu de la loi du « 13 fructidor, il ne justifie qu'il est actuel- « lement possesseur des objets à vendre ou « à échanger, et ce, par la production d'un « certificat de dépôt desdits objets, soit chez « un des vingt agents de change, soit chez « un des notaires publics du canton de « Paris. » Ce qui impliquait la légitimité des opérations à terme. Disons de plus, que, comme l'art. 15 du chapitre second de la loi du 2 ventôse de l'an IV, l'arrêté du Directoire exige qu'il y ait tradition de l'objet vendu dans les vingt-quatre heures.

Tous ces actes et règlements, qu'ils aient pris le nom de loi, d'édit, d'ordonnance ou d'arrêté, ont été complétés, et semblent avoir été abrogés par l'arrêté consulaire du 27 prairial de l'an X, qui porte, art. 13 : « Chaque agent de change, devant avoir reçu « de son client les effets qu'il vend ou les « sommes nécessaires pour payer ceux qu'il « achète, est responsable de la livraison et « du paiement de ce qu'il aura vendu et « acheté. Son cautionnement sera affecté à « cette garantie, et sera saisissable en cas de « non-consommation dans l'intervalle d'une « Bourse à l'autre, sauf le délai nécessaire « au transfert des rentes ou autres effets pu- « blics dont la remise exige des formalités. » Cet arrêté consulaire est ainsi expliqué par M. Troplong, dans son *Traité des Contrats aléatoires :* « Sans doute, le vendeur à terme « ne peut pas remettre à l'agent de change « des titres qu'il n'a pas entre les mains, « pour me servir de l'expression de l'arrêt

« du 2 octobre 1785 ; mais l'agent doit mettre
« sa responsabilité à couvert en exigeant la
« preuve de la propriété. Sans doute, encore,
« l'acheteur ne pourra pas remettre à l'agent
« de change la totalité de la somme néces-
« saire pour faire l'achat, puisqu'il n'achète
« à terme que puisqu'il ne l'a pas, mais
« l'agent de change devra exiger une cou-
« verture. » On a contesté cette opinion en
discutant la valeur des décrets de la Convention, des arrêtés du Directoire et de ceux du
Consulat. Ce sont des contestations oiseuses
dont nous ne voulons pas embarrasser notre
marche.

Il nous suffit d'avoir longuement et trop
longuement rappelé les textes anciens, et
nous avons hâte d'arriver à ceux qui paraissent être encore en vigueur. Tout d'abord,
nous rencontrons le Code de Commerce qui,
dans la partie consacrée aux agents de change
et aux courtiers, dispose : l'article 74 de ce
Code, reconnaît pour les actes de commerce
des agents intermédiaire; l'article 76 leur
réserve le négoce des effets publics, et il n'y

est point énoncé que les actes de commerce seront faits au comptant, ce qui eût été la plus grande des absurdités. Dans une autre partie de ce travail, nous verrons que la Cour de Cassation a admis l'interprétation que nous faisons valoir en ce moment. Puis il faut lire l'article 90 ainsi conçu : « il sera pourvu « par des règlements d'administration pu- « blique à tout ce qui est relatif à la négo- « ciation et transmission de propriété des « effets publics. » Pour tout homme de bonne foi, cette disposition est l'abrogation des an- ciens règlements qu'il va falloir remplacer ; mais n'insistons pas, et suivons.

Le Code pénal de 1810 contient deux ar- ticles qui prévoient certains faits répréhen- sibles. Ils sont ainsi conçus :

« ART. 421. — Les paris qui auront été « faits sur la hausse ou la baisse des effets « publics seront punis des peines portées « par l'article 419.

« ART. 422. — Sera réputé pari de ce « genre, toute convention de vendre ou de

« livrer des effets publics qui ne seront pas
« prouvés par le vendeur avoir existé à sa
« disposition au temps de la convention, ou
« avoir dû s'y trouver au temps de la livrai-
« son. »

Ces articles, oubliés quand on a refait la loi sur les coalitions, prévoient évidemment les marchés à terme faits par des insolvables qui répondront de leur audace devant les juges de la police correctionnelle ; mais, en même temps, ils supposent que l'agent de change a pu acheter ou vendre sans être nanti, puisque la seule condition imposée est que les effets aient pu être dans les mains du vendeur au temps de la livraison. C'est en ce sens qu'ils ont été entendus par MM. Mollot et Troplong, qui les ont parfaitement compris.

Enfin, on peut consulter une ordonnance du roi, en date du 12 novembre 1823, laquelle autorise la négociation, à la Bourse de Paris, des fonds publics étrangers. Cette ordonnance abrogeait *en cela* les dispositions de l'arrêt du Conseil du 7 août 1785, laissant les autres dispositions en vigueur, c'est-à-dire ne déclarant pas nuls les marchés à terme.

Les règlements d'administration publique promis par le Code de Commerce n'ont jamais été faits. Mais, en 1832, la Chambre syndicale des agents de change a fait un règlement qu'elle applique depuis lors, c'est-à-dire depuis trente-sept ans, et ce, au milieu de contestations incessantes. Les ministres qui ont eu la Bourse dans leurs attributions auraient pu condamner ce règlement : tous l'ont souffert. Il résulte de ce fait, que la Chambre syndicale, en l'adoptant, n'a violé aucune loi; autrement, dans un temps ou dans un autre, il serait trouvé des fonctionnaires du parquet qui en auraient contesté la valeur. Eh bien! ce règlement prévoit tous les cas de marchés à terme, fermes ou à primes. Ces marchés sont donc valables.

Il est vrai qu'après avoir été tolérés par la jurisprudence, une vive controverse s'éleva, vers 1823, à leur occasion. Les arrêts pour et contre sont dans tous les recueils, et il faut reconnaître que s'il ne s'était rien produit depuis lors, les marchés à terme pourraient être contestés par les tribunaux. Deux faits d'une gravité incontestable ont modifié la tendance des magistrats, s'il est possible de dire que le règlement des agents de change, laissé intact par le silence de l'Administration, ne suffisait pas pour valider les marchés à terme. Nous voulons parler des déclarations du Gouvernement lors de la création des Obligations trentenaires, et, de plus, des remarquables explications données dans le rapport de M. Larrabure, au Corps législatif, à propos de la loi de juillet 1862, qui a modifié les articles 74, 75 et 90 du Code de commerce, Lors de la présentation de la loi sur les Obligations trentenaires, le Ministre a déclaré que ces valeurs pourraient être négociées *au comptant ou à terme*. Dans son rapport sur la loi du 2 juillet 1862, M. Larrabure a consacré tout un chapitre de son travail aux opérations de la Bourse; nous le reproduisons en partie :

« III. — MARCHÉS A TERME, SPÉCULATION,
« INTÉRÊTS MATÉRIELS.

« Messieurs, avant de quitter la Bourse et
« les affaires, nous croyons devoir men-
« tionner les attaques dont elles sont l'objet,
« et y répondre dans une certaine mesure :
« sur toutes choses il est bon que la lumière
« se fasse. Nous entendons faire une guerre
« très-vive aux marchés à terme de la
« Bourse, à l'esprit de spéculation, aux spé-
« culateurs, au culte exclusif des intérêts
« matériels, dont la Bourse serait, dit-on,
« le temple principal; qu'il nous soit permis
« de signaler ce que de telles préventions
« ont d'excessif. Cette guerre est plus vive
« que juste et éclairée. Nous voudrions rame-
« ner les esprits aux idées vraies, et pouvoir
« y contribuer en les exposant de notre
« mieux.

« Parlons d'abord des marchés à terme.
« — On croit qu'il n'y a là que du jeu, du
« jeu effréné, qui fait de nombreuses vic-

« times. — Il y a, en effet, du jeu ; oui, les
« marchés à terme de la Bourse donnent
« lieu à des opérations fictives, ouvrent le
« champ aux paris sur les mouvements des
« cours, et tous les cœurs honnêtes doivent
« le déplorer. Si l'on ne veut voir que cette
« face de la question, on aura aisément rai-
« son. Mais il faut voir le bien comme le
« mal. A côté de ces opérations fictives, il y
« des opérations à terme sérieuses, utiles,
« nécessaires même et parfaitement licites.
« Le devoir des hommes politiques est
« d'éclairer le public, en faisant la vraie part
« du bien et du mal. Les exemples fixent
« les idées ; citons-en quelques-uns qui sont
« de tous les jours.

« Un grand négociant ou un grand ban-
« quier consulte ses livres d'échéances. En
« général, les paiements et les recouvre-
« ments se font aux fins du mois. Un ban-
« quier, qui a d'immenses mouvements de
« fonds, voit sur ses carnets qu'il va lui
« rentrer quelques millions à la fin de ce
« mois ou du mois suivant. Il n'en a pas

« l'emploi : il en cherche un. Il interroge la
« cote de la Bourse : le cours actuel lui con-
« vient. Il donne ordre à son agent de
« change de lui acheter pour fin de ce mois, ou
« pour le suivant, 100, 150, 200 mille francs
« de rente 3 °/₀. C'est une opération sérieuse,
« réelle, légitime. D'une part, les fonds des-
« tinés à payer l'achat seront prêts ; d'autre
« part, les inscriptions de rente seront éga-
« lement prêtes, il y en a toujours de dis-
« ponibles à la Bourse. L'opération, quoique
« faite à terme, est parfaitement licite et
« naturelle. Cependant, dans le courant du
« mois ou du mois suivant, il survient au
« même banquier une autre affaire qui exi-
« gera ses fonds. Cette affaire nouvelle lui
« semble plus avantageuse que son achat
« de rentes. Quarrive-t-il alors? Il défait en
« tout ou en partie, selon ses besoins, son
« achat de rentes. Il donne ordre de revendre
« à terme, jusqu'à concurrence de ses be-
« soins. A la fin des mois indiqués, tout se
« règle par une différence entre le cours de
« l'achat et le cours de la revente. Voilà une

« opération entamée à terme très-légitime-
« ment, défaite également à terme, très-
« légitimement aussi. Direz-vous qu'elle
« doit être interdite? Mais prenez garde,
« vous nuiriez à l'État par cette interdic-
« tion, *outre que vous enchaîneriez ce qui
« doit être libre;* car vous interdiriez ce qui
« fait rechercher les effets publics, c'est-à-
« dire la facilité et la commodité d'acheter
« et de vendre, par grosses masses, et en
« tout temps, selon ses besoins, selon ses
« convenances.

« *Autre exemple.* — Vous savez qu'au-
« jourd'hui la promptitude des communi-
« cations a multiplié les relations interna-
« tionales, les opérations financières d'un
« pays sur un autre. Supposez qu'un banquier
« de Londres, d'Amsterdam, de Francfort,
« de Saint-Pétersbourg, prévenu par le télé-
« graphe du cours de nos rentes, d'une
« grande baisse, par exemple, veuille y
« placer de l'argent. Il donne ordre à un
« agent de change d'acheter une certaine
« quantité de rentes. L'ordre peut venir

« télégraphiquement, en quelques minutes ;
« mais l'argent ne peut venir aussi vite.
« Aussi, que fait-il? Il fait acheter pour fin
« du mois, au cours, peut-être passager, qui
« lui convient. L'agent de change achète,
« ayant le temps de recevoir son argent pour
« la fin du mois. Voilà encore une opération
« à terme, licite et irréprochable de tous
« points. »

Ce morceau pourrait être transcrit tout au
long ; mais à présent qu'on en a montré
l'esprit, on se contentera d'en donner la
conclusion :

« ...... Voilà des exemples qui justi-
« fient, ce nous semble, les marchés à terme
« sérieux ; nous pourrions les multiplier. Et
« on penserait à les interdire ! Mais vous
« frapperiez au vif le crédit de l'État !.....
« De nos jours, dans l'état de notre crédit
« public, les marchés à terme de la Bourse
« sont non-seulement utiles, mais néces-
« saires...... Un grand financier, qui fera
« toujours autorité en pareille matière, le

« ministre Mollien, était de cet avis ; il disait
« à Napoléon Ier : *Quand un homme libre a*
« *pris des engagements téméraires, c'est dans*
« *leur exécution qu'il doit trouver la peine de*
« *son imprudence ou de sa mauvaise foi :*
« *l'efficacité de la peine est dans l'exemple*
« *qu'elle laisse ; et, certes, ce n'est pas un*
« *bon exemple donné que l'annulation du*
« *corps du délit, au profit du plus cou-*
« *pable.* Le même ministre Mollien estimait
« que les marchés à terme de la Bourse
« étaient en eux-mêmes légitimes et devaient
« être protégés par la loi. »

Le Corps Législatif s'est associé à ces
rapports. Un député, nommé pour être le
champion de toutes les libertés, M. Darimon,
qui ne veut pas apparemment de la liberté
du commerce, critiqua le rapport en termes
assez ambigus ; mais son attaque fut relevée
par M. Larabure, qui répondit, dans la séance
du 3 juin 1862, en ces termes : « M. Darimon
« a dit que, dans le silence du cabinet, j'avais
» pris des licences, que ces licences-là il ne

« les croyait pas bonnes. — Je crois qu'il
« a voulu faire allusion à ce que j'ai dit des
« marchés à terme, des attaques dirigées
« contre les spéculateurs. — Eh bien! je
« crois que nous avons rendu service en
« faisant connaître au public ce genre d'opé-
« rations appelées marchés à terme......
« .... Les marchés à terme sont néces-
« saires. C'est seulement à la loi à les régu-
« lariser dans un intérêt de morale pu-
« blique. »

Le *Moniteur* constate que des approbations
ont couronné ce discours.

Déjà le système de M. Larrabure avait
pour lui l'autorité d'un arrêt justement
célèbre, rendu par la Cour de Cassation,
après délibéré en Chambre du Conseil, le
19 janvier 1860. Cet arrêt pose en principe
que la règle de notre matière se trouve dans
l'article 76 du Code de Commerce, qui ne
distingue pas entre les opérations à terme et
les opérations au comptant. (Dalloz, *Recueil
périodique*, 1860, I, p. 48.)

§ 2.

Jusqu'à quel point les Marchés à terme sont-ils licites, d'après la jurisprudence des arrêts?

Les Cours ne pouvaient rester indifférentes au mouvement qui se produisait. Le grand fait de ce règlement de la Compagnie des agents de change, toujours en vigueur, avait porté les auteurs et les magistrats à considérer les marchés à terme comme valables. Déjà même on ne voulait plus voir en cette matière que des questions de fait, quand tout à coup les agents de change eurent à répondre à un antagoniste redoutable par son talent de jurisconsulte et sa verve inépuisable. M. Bozérian, alors avocat à la Cour de Paris, aujourd'hui avocat à la Cour de Cassation, avait été appelé à défendre devant la juridiction correctionnelle plusieurs courtiers marrons qui s'étaient immiscés dans les opérations de Bourse, au mépris des lois et règlements. Leur habile avocat publia plusieurs Mémoires, et, enfin, réunit toutes ses recherches dans deux volumes in-8° publiés en 1859 sous ce titre : *La Bourse, ses Opérateurs, ses Opérations.* C'est une défense des courtiers qui prend les agents officiels à partie, essaye de prouver qu'eux aussi ont violé et violent tous les jours la loi en faisant des marchés à terme. L'auteur essaye de montrer que le règlement prohibitif de 1724 est encore debout, et nous avons montré que, sur ce point, il y avait certainement erreur de la part de M. Bozérian. La prohibition a été levée et remplacée par des entraves, simples mesures de police qui n'ont plus leur raison d'être.

Le sentiment général, aujourd'hui, est conforme à cette opinion, que les faits avaient indiquée et que les esprits judicieux de M. Mollot et de M. Troplong avaient aperçue sans la développer avec la netteté qui convient à une théorie définitivement admise. Du reste, le remarquable passage du *Traité du Trésor public* de MM. Dalloz, bien que postérieur à la création des obligations trentenaires, laisse percer çà et là des hésitations que nul ne peut plus éprouver.

En droit, comme en fait, on peut acheter des valeurs fiduciaires à terme, à prime, sous condition; en un mot, on peut acheter des valeurs fiduciaires comme on peut acheter toutes les choses qui sont dans le commerce.

Mais on trouve devant soi le fameux texte de l'article 1965 du Code Napoléon ainsi conçu : « La loi n'accorde aucune action pour une dette de jeu ou pour le paiement d'un pari. »

L'esprit se révolte à l'application d'un pareil article à un marché fait sur des valeurs sérieuses, et rien n'est sérieux comme les fonds d'État et les actions ou obligations que l'on cote à la Bourse. Nous avons parlé de Pothier, nous aurions pu y ajouter Domat et dire que le dernier, si judicieux que ses décisions passaient pour des oracles, que le premier, si savant, n'avaient pas plus l'un que l'autre interdit les achats à terme comme étant de simples paris sur les fonds publics ou sur des denrées telles que les farines, les alcools, les huiles ou les savons. Il a fallu, pour qu'on en vînt à transporter de pareilles idées dans des conventions que rien ne réprouvait, fausser la langue et les principes. Sans doute, quand le système de Law eut bouleversé toutes les têtes, il y eut de grandes perturbations. Telles sont les saturnales de la liberté; mais laissez le fleuve reprendre son cours, et toutes choses se régularisent, et la liberté bonne en soi, produit d'excellents fruits. En comparant les progrès de la France et de l'Angleterre avec ceux des pays despotiquement gouvernés depuis des siècles, on apprécie les progrès des nations libres qui seules grandissent et marquent dans l'histoire. Donc, ce fut par des abus de mots que le ministre Calonne et les ministres qui lui ont succédé ont infligé le nom de jeu ou de paris à des opérations auxquelles ce nom n'a jamais convenu.

Donc l'article 1965 est le refuge des gens

qui, ayant fait de fausses spéculations à la Bourse, et ne voulant pas payer, s'avisent tout à coup de dire à leur agent de change : Je ne vous dois rien ; j'ai joué, j'ai perdu, mais je ne paie pas et on n'a pas d'action pour réclamer une dette de jeu. Les magistrats ont admis et admettent encore parfois cette exception. On peut citer nombre d'arrêts desquels il résulte que l'agent de change qui a prêté *sciemment* son ministère à des opérations de jeu de Bourse, n'a point d'action en justice pour obtenir le remboursement des avances par lui faites et le paiement de ses commissions. La table alphabétique des vingt-deux années du *Recueil périodique* de MM. Dalloz, cite au mot « Effets publics », n°° 87 et suivants, un certain nombre d'arrêts rendus en ce sens, qui paraissent au soussigné à peine explicables, malgré les doléances de Calonne et de ses pareils, et malgré les articles 421 et 422 du Code pénal. Mais lorsque l'on est consulté sur un procès, on n'a pas la possibilité de s'en tenir à une opinion théorique ; il faut en venir à la pratique et voir ce qu'elle veut; autrement on donnerait de mauvais conseils à ses clients.

Ce qu'exigent les arrêts, c'est qu'il y ait eu : premièrement un simple pari de la part du donneur d'ordre; puis, secondement, complicité de l'agent de change chargé de l'exécution. Pour apprécier ces points qui jugent les procès d'une manière absolue, les Tribunaux examinent la situation du commettant, celle de son commissionnaire, et, quand ils ont apprécié, ils disent si, à leurs yeux il y a eu oui ou non mauvais agissement de l'auteur principal, s'il y a eu oui ou non complicité frauduleuse de son agent de change. Les Tribunaux et les Cours ont rarement des preuves complètes sur ce qui s'est passé entre l'agent de change et son débiteur; ce qu'ils recherchent, c'est la commune intention des parties, et ils s'arrêtent surtout à l'apparence que présentait le donneur d'ordres, quand il a demandé qu'une opération fût faite pour lui. Le premier arrêt recueilli par les rédacteurs du *Bulletin de la*

Cour de Paris, lors de son apparition en
1864, a précisément statué sur notre question ; il a été rendu par la première Chambre
de la Cour, le 29 janvier 1864, et est ainsi
motivé : « Considérant que les achats et
« ventes de valeurs faits à la Bourse par
« L... pour le compte et par ordre de l'appe-
« lant, étaient limités dans des termes tels
« que ce dernier avait les ressources néces-
« saires pour liquider ces opérations en
« levant ces titres ou en les libérant. »
L'agent de change qui se conforme aux
règles de prudence que lui dicte la situation
du donneur d'ordres, échappe donc nécessairement, d'après cette doctrine, aux effets
de l'article 1965 et peut se faire payer. C'est
ce qui ressort non-seulement des arrêts qui
ont fait gagner les procès des agents, mais
encore et surtout de ceux qui leur ont dénié
le droit d'agir en justice. C'est précisément
le cas de l'arrêt de Paris du 14 mai 1854,
rendu entre M. Authié-Bellerose et M. Desmaze : « Considérant en fait, que les con-
« testations qui ont fait l'objet du com-

« promis passé entre Desmaze, agent do
« change, et Authié-Bellerose, le........
« étaient relatives à des opérations à terme
« faites par Authié-Bellerose pendant les
« mois d'octobre, novembre et décembre
« 1862, par l'intermédiaire de Desmaze sur
« les actions du Crédit Mobilier français et
« espagnol ; opérations de vente et d'achat
« dont le total, suivant le compte de liqui-
« dation fourni par Desmaze, s'est élevé,
« pour les trois mois à 8,408,070 francs et
« dont l'importance hors de proportion avec
« les facultés pécuniaires d'Authié-Bellerose,
« suffirait à démontrer le caractère fictif et
« illicite, quand bien même n'existerait pas
« ce fait, non dénié par les parties, que le
« solde créditeur ou débiteur de chaque fin
« du mois se réglait entre elles par des différences.» La Cour persistait donc à dire qu'un
agent pouvait accepter des ordres en rapport
avec les facultés de son client. Tel a été son
arrêt du 12 août 1864 entre Desmaret et
Genty de Bussy : « Considérant qu'en rai-
« son de la situation et des ressources appa-

« rentes de Desmaret, l'intimé était fondé à
« supposer qu'il prêtait son ministère à des
« opérations sérieuses, d'autant plus qu'elles
« avaient pour origine une vente au comp-
« tant. » Ce sont les ressources du donneur
d'ordres, qui sont encore appréciées le 14
janvier 1865, dans un procès entre M. Legras,
ancien agent de change, contre un sieur
Roussard ; c'est ce qui décide la Cour après
le Tribunal, dans un arrêt du 1er juillet
1865, entre les sieurs Perini et Bernard : —
« Attendu, a dit le Tribunal dont les motifs
« ont été acceptés par la Cour, que si Perini
« est confiseur, il n'est nullement justifié
« que l'opération engagée excédait ses res-
« sources. » De même le 9 décembre 1865,
la première Chambre a refusé l'action inten-
tée par M. Vuillemot contre M. Appert,
parce que l'agent de change « connaissait
« parfaitement la situation et les ressour-
« ces d'Appert, qu'il savait que ce dernier
« était hors d'état de prendre livraison des
« titres par lui achetés. » Le 2 janvier
1866, un arrêt rendu entre Métadieu et

et Mayrargues porte : « Que l'importance
« des opérations était loin de passer ni
« même d'atteindre des proportions de na-
« ture à indiquer à Mayrargues, que Métadieu
« entendait se livrer à des opérations à régler
« seulement par des différences, et que, au
« contraire, Mayrargues a pu et dû croire
« que Métadier pouvait exécuter les opéra-
« tions qu'il ordonnait ; que par suite,
« l'exception de jeu ne saurait être admise. »
Et le 12 mai 1866, dans une affaire entre le
sieur Bouyer contre le sieur Bligny, nous
avons un motif identique : « Les achats et
« ventes faits par Bligny pour le compte de
« Bouyer, pendant le mois de juillet 1859
« n'étaient pas assez importants pour que
« Bligny pût les juger hors de toutes les
« proportions avec les ressources de Bouyer
« et la situation qu'il s'était faite avec le
« prédécesseur de Bligny. »

Ajoutons que les Cours des départements
out adopté les mêmes règles que la Cour de
Paris. Ainsi la Cour de Limoges a déclaré
qu'il y avait eu jeu dans une affaire où les

opérations avaient été hors de proportion avec la position du donneur d'ordres. (*Dalloz, 1869, I, p. 15.*)

La Cour de Cassation s'est associée au système de la Cour de Paris. Elle est peut-être même allée plus loin, ou plutôt elle a adopté le système de M. Larrabure, et décidé, le 26 août 1868, dans son arrêt Delbosc contre Tourreil « que des marchés à « terme, en vue de bénéfices à réaliser sur « la variation des cours des effets publics « peuvent être sérieux et dès lors légitimes ; « qu'ils n'impliquent donc pas nécessaire- « ment par eux-mêmes, la présomption « légale ou la preuve du jeu, quand même, « en certains cas, le marché se résoudrait « en une différence. » (*Dalloz, 1868, I, p. 440.*)

Mais faut-il distinguer entre la nature des opérations et condamner celles qui sont faites à la condition que l'acheteur ou le vendeur pourront se dédire en payant une prime? En vérité l'esprit humain aime à se créer des obstacles. La possibilité de se dé-

dire d'une vente moyennant une certaine
somme que l'on perdra a été pratiquée dans
tous les temps et dans tous les pays. On re-
trouve cet agissement dans tous les marchés
conclus avec des arrhes. Celui qui les a reçues se dédit, mais rend le double de ce
qu'il a touché; celui qui a payé se dédit
et déclare qu'il ne demande rien. Cette
variété d'opérations à primes n'est ici présentée que pour exemple, car il est certain
que les contractants sont libres de traiter
suivant leur bon plaisir. C'est pour cela que
le règlement des agents de change de 1832
autorise les marchés à prime et détermine
comment on devra les solder. On trouve
dans le numéro du 8 avril 1869 de la *Gazette
des Tribunaux* l'analyse d'un arrêt de rejet
rendu le 6 avril par la chambre des requêtes
ainsi rapporté (p. 332 en tête de la seconde
colonne) : « Les opérations de Bourse faites
« en vue de bénéfices à réaliser sur la varia-
« tion des cours, pouvant être sérieuses et
« légitimes n'impliquent pas nécessairement
« la présomption légale du jeu, au cas même

« où ces opérations se résoudraient en une
« différence. »

Ceci dit, nous avons encore une observation à présenter.

Il est surtout une classe de personnes qui
ne peuvent pas invoquer légèrement l'exception de jeu et dire : « J'ai joué, je ne dois
« rien. » Ces personnes sont celles qui, par
leur profession, sont en rapport avec le public dont elles transmettent les ordres aux
agents de change. Tels sont relativement à
la place de Paris, les agents de change établis dans les départements, tels sont les
agents d'affaires, les banquiers, les commissionnaires. Cette question s'est présentée
devant la Cour de Paris qui l'a jugée par
arrêt du 21 juillet 1864 Le sieur Filliol,
agent d'affaires, avait été assigné en paiement du solde de son compte chez un agent
de change. Le défendeur souleva beaucoup
d'exceptions, et notamment prétendit qu'il ne
devait rien parce que après tout, il ne s'agissait que d'opérations de jeu. Le Tribunal de
Commerce répondit sur ce point : « Que s'il

« est vrai que d'après l'article 1965 du code
« Napoléon, la loi n'accorde pas d'action
« pour le paiement en justice d'une dette de
« jeu, il est constant que Filliol n'agissait
« pas dans les opérations de Bourse unique-
« ment pour son compte personnel ; qu'il
« possédait une clientèle dont il réunissait
« les ordres pour les transmettre à Barbaut,
« et que celui-ci n'entendait point prêter son
« ministère à des paris ou jeux sur la hausse
« et la baisse faite par Filliol seul et pour son
« compte personnel ; qu'il faisait confiance
« à un groupe de clients représentés par ce
« dernier et qu'il considérait ces ordres
« d'autant plus sérieux qu'ils lui étaient an-
« noncés comme provenant d'une nombreuse
« et solvable clientèle ; — attendu dès lors
« qu'il n'y a évidemment lieu de faire ici
« l'application de l'art. 1965, et qu'il con-
« vient au contraire de repousser l'exception
« de jeu supposé. »

La Cour, saisie de l'appel, ajouta :

« Considérant que la situation de Filliol
« n'était pas, ainsi qu'il a été dit ci-dessus,

« celle d'un capitaliste faisant directement
« des opérations, mais celle d'un agent
« d'affaires agissant pour ses clients person-
« nels et faisant pour le compte de ceux-ci
« des achats, des ventes par le ministère de
« Barbaut; que cette situation, qui n'avait
« rien d'illicite, rendait nécessairement pour
« Barbaut difficile la distinction entre les
« opérations qui étaient purement fictives et
« celles qui avaient un caractère sérieux. »

Filliol était agent d'affaires, il servait d'intermédiaire entre ses clients et l'agent de change, il a perdu son procès.

C'est que pour des personnes de ce genre, le secret est absolument recommandé, comme il l'est aux agents de change. Les opérations de Bourse ne doivent pas être divulguées, le secret est un devoir et chacun le sait. Donc, un agent de change aurait tort de dire à un intermédiaire de faire connaître ses commettants, le commissionnaire aurait tort d'en livrer les noms et la confiance que chacun se doit eu égard aux positions respectives des parties agissantes, est la sauvegarde du public, la garantie de l'observation des lois.

§ 3.

Faits particuliers du procès.

Puisqu'il est établi par des preuves certaines :

Premièrement. — Que les marchés à terme ou à primes sont valables;

Deuxièmement. — Qu'ils ne sont pas réputés être des opérations de jeu, quand les opérations ne dépassent pas les facultés présumées du commettant;

Troisièmement. — Qu'il faut, pour évaluer ses facultés, avoir égard à la clientèle que ce commettant peut avoir derrière lui, nous allons appliquer ces règles aux faits particuliers de la cause.

M. . . . . est agent de change à Paris. Un sieur . . . . s'est présenté à lui vers la fin de décembre 1868 et lui a remis un ordre d'acheter deux cents actions du Crédit Foncier, pour le compte de la maison . . . ., banquiers à Strasbourg. Le 29 décembre, l'ordre a été réalisé. Immédiatement, M. . . . . . . a prévenu M. . . . . d'un côté, et de l'autre la maison . . . . La lettre adressée à cette maison mérite d'être reproduite ici :

« Paris, le 29 décembre 1868.

« MESSIEURS . . . . . .

« Banquiers, à Strasbourg.

« Sur l'ordre de M. . . . ., j'ai acheté pour votre compte, à la Bourse de ce jour :

« Cent Fonciers à 1,542 50 fin décembre.

« Et 100 — à 1,543 50 —

« Je vous prie de m'accuser réception de « la présente, et me confirmer par lettre, « pour la bonne règle, d'avoir à exécuter « comme vôtres les ordres que me don- « nerait votre représentant, M. . . . . . .

« Heureux d'entrer en relations d'affaires
« avec votre honorable maison, Messieurs,
« j'apporterai tous mes soins dans l'exécu-
« tion des ordres que vous voudrez bien me
« faire passer.

« En attendant de vous lire, recevez,
« Messieurs, l'assurance de mes salutations
« empressées.

« Signé : . . . . »

La réponse ne se fit pas attendre. Elle
arriva par le retour du courrier, sur papier
portant en tête : . . . . , Strasbourg. La voici :

« Strasbourg, 2 janvier 1869 :

« . . . .

« Strasbourg.

« MONSIEUR . . . . . .

« à Paris.

« Nous avons l'honneur de vous accuser

« réception de votre estimée d'hier, dont le
« contenu en règle est pris en note.

« Par la présente, nous vous autorisons
« d'exécuter tous les ordres que notre man-
« dataire , M. . . . ., vous trans-
« mettra pour notre compte.

« Veuillez bien nous en aviser régulière-
« ment par lettre.

« Agréez, Monsieur, nos salutations em-
« pressées.

« Signé : . . . . »

M. . . . . déclare qu'il ne s'en
tint pas là, mais qu'il s'enquit à Paris, auprès
des banquiers les plus recommandables, de
la valeur de la maison . . . . . . Il reçut
les plus grands encouragements.

Le sieur . . . . était revenu et
avait demandé de nouveaux achats ; M. . . .
les exécuta ponctuellement en tout, et avec
la plus grande rapidité. C'était le 31 décembre, jour de la réception de la lettre de
la maison . . . . . . Cependant, M. . . . . . .
avait encore un scrupule, et, au pied de la

lettre, annonçant l'exécution des ordres, il ajouta :

« Ne connaissant pas, Messieurs, votre
« signature sociale, j'estime que les affaires
« que je fais sont bien pour le compte de
« votre maison. Veuillez me le confirmer
« en m'accusant réception de la présente, et
« recevoir, Messieurs, mes salutations em-
« pressées. »

Le courrier du 3 janvier apportait une lettre sur papier à tête, contenant la réponse que nous allons transcrire :

« Strasbourg, 2 janvier 1869.

« . . . .
« Strasbourg.

« MONSIEUR . . . .
« à Paris.

« Nous sommes favorisés de votre honorée
« du 31 écoulé, qui ne nous parvient que ce
« matin.

« Bonne note est prise de son contenu en
« règle.

« Les ordres que vous passe M. . . . . . .
« sont pour le compte de la maison . . . . . .
« dont la signature sociale pourra vous être
« montrée chez MM. de Rothschild frères
« ou chez n'importe quel banquier de Paris.

« Agréez, Monsieur, nos saluts bien em-
« pressés.

   « *Signé :* . . . . »

. M. . . . . alla se renseigner sur
la signature de la maison . . . . . ., et
il lui fut répété que c'était une maison de
premier ordre à Strasbourg. M. . . . . . .
le père avait été d'abord commissionnaire
de transport ; peu à peu ses affaires avaient
grandi. L'estime qu'il avait acquise augmen-
tait tous les jours. Bref, il n'y avait pas de
maison plus honnête et mieux établie. On
disait que, depuis un certain temps, ...
avaient joint les opérations de banque à
celles qui étaient déjà dans ses habitudes,
et l'on annonçait que bientôt il faudrait

compter avec elle comme avec les plus
importantes maisons de Francfort, de
Munich ou de Hambourg. M. . . . .
était heureux de cette clientèle. Il espérait
beaucoup d'une relation si honorable, et il
continuait à exécuter les ordres que lui don-
nait M. . . . ., au nom de la maison
. . . ., à laquelle il faisait passer
le compte de ce qui avait été fait. La
première lettre de l'agent de change avait
été signée par lui, la seconde le fut par
M. . . . ., par procuration. Ainsi,
nous en trouvons une à la date du 2 janvier,
répondue le 4 ; le 4, un bordereau est adressé
sans signature ; le 5 revient un accusé de
réception ; le 5, lettre signée . . . .,
par procuration, réponse le 6 ; et ainsi de
suite de jour en jour, sans doute ni intervalle. Les doutes ne pouvaient naître dans
l'esprit de M. . . . ., après les explications qu'il avait reçues, surtout quand il
remarquait que toutes les lettres qu'on lui
adressait étaient de l'écriture même du chef
de la maison, de celui qui avait la signature

sociale. La confiance de M. . . . .
était si grande, que même nous voyons que,
dans une lettre du 19 janvier, il avait prié
. . . . de l'éclairer sur la situation
d'une maison de commerce. La réponse ne
se fit pas attendre et fut donnée sans
embarras, bien qu'il s'agît d'annoncer de
mauvaises affaires.

Mais l'agence de M. . . . . est
bien tenue; la régularité y règne et gou-
verne. Les comptes sont vus et visités par
l'agent de change à des époques fixes, de
telle manière qu'il apprécie souvent dans le
mois la position de ses différents clients.
M. . . . . remarqua que si le compte
de décembre avait été terminé, celui de
janvier grossissait journellement; il voulut
avoir des renseignements plus précis que
ceux qu'il avait trouvés autour de lui. Il
demanda à l'un de ses employés, à celui qui
signait la correspondance échangée avec la
maison . . . ., de vouloir bien se
rendre à Strasbourg. La lettre du 21 janvier se termine donc par ces mots :

« L'écrivain compte, Messieurs, vous voir
« samedi prochain, passant ce jour en votre
« ville. »

La réponse arrive et ne témoigne ni empressement ni inquiétude. Elle se borne à
à ce que voici :

« Strasbourg, 22 janvier 1869.

« . . . .

« Strasbourg.

« MONSIEUR . . . .

« à Paris.

« Nous sommes favorisés de votre hono-
« rée d'hier, dont le contenu en règle est
« pris en note.
« En attendant le plaisir de voir Mon-
« sieur . . . . . , nous vous présen-
« tons, Monsieur, nos salutations distin-
« guées. »

Cette netteté d'expressions, cette placidité

dans les réponses, aurait calmé les inquié-
tudes, s'il avait été possible d'en concevoir.

M. . . . . alla à Strasbourg, se fit
indiquer la maison. . . . . et il entra.
Il vit un personnel considérable de commis
de tout ordre et de tout âge. Ils étaient de
vingt à vingt-cinq tous occupés grave-
ment à leur besogne. On pesait à ce moment des sacs d'or destinés à être expédiés ;
leur valeur était considérable, et M. . . . . .
demeurait ébahi en face de ce mouvement
qui indiquait clairement pourquoi on avait
dit à M. . . . , que prendre des renseignements sur. . . . , à Strasbourg,
c'était en prendre sur Rothschild à Paris,
M. . . . . allait se retirer quand on
lui demanda le but de sa visite, il remit sa
carte et fut introduit avec empressement
auprès de M. . . . . fils. C'était un
homme de vingt-cinq ans, très-digne dans ses
manières, très-affable et même assez liant,
quoique sans grande familiarité. Il fut con-
venable sans s'être trop avancé, et il annonça
que bientôt il irait à Paris, régler son compte

chez M. . . . . . Il fit remarquer l'importance que prenait sa clientèle, car il se disait
le commissionnaire de grands seigneurs allemands dont il nommait un certain nombre.
C'était un mensonge, dit-on aujourd'hui,
mais nul n'aurait eu la pensée de le soup-
çonner au mois de janvier de cette année.
M. . . . . . réitéra l'annonce de sa
prochaine arrivée à Paris et la promesse
de voir l'agence. . . . . avec laquelle
il réglerait. Il vint en effet et fut reçu comme
il avait accueilli. On projeta de dîner et
d'aller le soir au Théâtre-Français, quand
tout à coup M. . . . . reçut la lettre suivante.

« MONSIEUR,

« à Paris.

« Étant obligé de partir ce soir pour
« Strasbourg, je regrette beaucoup de ne
« pouvoir vous voir demain, et de ne pou-
« voir passer la soirée avec M. . . . . .
« Je serai de retour à Paris, samedi
« matin.

« En attendant, je vous présente, Mon-
« sieur, mes civilités empressées.

Signé : HENRY......

Ces voyages de M. ......, de M. ......
avaient conduit du 22 janvier au 25, où nous
trouvons des opérations portées sur le compte
de la maison ...., puis il n'y a
plus rien si ce n'est la faillite.

C'est dans ces conditions que l'on vient
invoquer l'exception de jeu et dire à M. ....;

La maison .... n'a pas fait une
seule opération de Bourse. Un jeune homme,
presque un enfant, M. Henry ...... a joué
à la Bourse de Paris, et probablement ailleurs,
c'est lui seul qui est coupable. La maison
.... est en faillite parce que ce
jeune homme a fait des folies criminelles ;
son père est un honnête négociant, un homme
malheureux qui a été abusé par des ma-
nœuvres coupables. Dans ces circonstances
il n'y a pas lieu de payer M. ......

Ces raisonnements de fait pèchent en plus
d'un point. D'abord pour ne pas payer

M. ......, il ne suffit pas de dire qu'il y a
eu une faute de la part de M. Henry ......,
il faut prouver en outre que M. ..... a
connu cette faute et en a été complice. Surtout il faudrait ne pas opposer la confiance
du père à la légèreté du fils. Ces contrastes
entre le père et le fils ne prouvent rien, si ce
n'est, dans l'espèce, que le père a eu la très-
grande imprudence de confier à son fils des
affaires considérables. Toutes les lettres de
M. ..... ont été adressées à Strasbourg, où
toutes sont arrivées, puisqu'elles ont toutes
été répondues. La prudence la plus vulgaire
commandait impérieusement au père de
s'enquérir des relations qu'entretenait sa
maison. Si du 29 décembre 1868 au 22 janvier 1869, M. ......, père, avait pris, un
seul jour, la peine de vérifier sa correspondance, il aurait su à quoi s'en tenir. Donc
M. ......, père, malgré son malheur, ne
peut être affranchi de toute responsabilité
morale, et si jamais il vient réclamer sa ré-
habilitation, on sera fondé à lui dire qu'il
n'aura pas droit de la demander tant qu'il

n'aura pas couvert intégralement toutes les dettes créées par suite de sa négligence.

La question d'ailleurs n'est pas sur ce terrain. Nous avons vu que M. ..... avait, d'après la jurisprudence, le droit de faire pour la maison .... des opérations en rapport avec la situation de cette maison, que s'il est resté dans ces limites, nul n'a de reproches à lui faire et sa créance doit être portée au passif de la faillite.

En quoi M. ..... serait-il reprochable ? Car il faut qu'il ait su que MM. .... jouaient à la Bourse pour faire du jeu. Le jeu en tout cas était bien dissimulé. Les ordres se suivaient et étaient presque tous du même genre ; on demandait des achats pour la fin du mois. En apparence, MM. .... plaçaient des capitaux appartenant à eux ou à leurs commettants. Les chiffres ne sont point énormes. Les titres n'ont pas été livrés, les opérations se soldent par des différences et l'on arrive à un écart de 100,000 francs environ. Les opérations portaient sur des fonds de premier ordre, qui ne peuvent pas baisser outre mesure. Ce qu'on remarque, c'est la rente trois pour cent, le Crédit foncier, la Compagnie générale, toutes valeurs sur lesquelles on fait en général des placements sérieux. Les bons pères de famille qui veulent avoir des revenus fixes et sans chances de perte y mettent leur fortune et l'avenir de leurs enfants. Dans les entrevues de M. Henry ... avec M. ...... et un autre employé de la maison ....., on a parlé des acquisitions qui avaient été faites, et là, semblant dire le secret de ses affaires, M. Henry ...... raconta qu'il était l'intermédiaire de princes allemands qui plaçaient une partie de leur actif à l'étranger. Les événements politiques donnaient une sorte de vraisemblance à ce récit, dont personne n'avait le droit de douter, quand il sortait de la bouche autorisée d'un associé de la maison ......

Ainsi, la maison ...., maison de commission et de banque, a fait avec l'agence de M. .... un nombre d'achats qu'elle n'a pu réaliser ; mais

M. . . . . devait croire que la réalisation viendrait; ces achats ne dépassaient pas les forces apparentes du commettant et de sa clientèle; l'agent est exempt de toute faute, n'a participé à aucun pari et à aucun hasard. Il doit être admis au nombre des créanciers.

Pour juger définitivement le procès, il faut se mettre en face des magistrats de Strasbourg et leur faire toucher du doigt ce qu'on leur demande. Là-bas, sur la frontière du Rhin, sentinelle avancée de la France, se trouve cette grande et noble cité de Strasbourg, féconde en hommes remarquables, à des titres divers, l'honnêteté y est un caractère indélébile. Des écoles de toute nature y sont fréquentées par une jeunesse ardente à se signaler par l'étude et tout ce qui est bien. Là, Guttemberg a fait ses premiers essais, et le souvenir en est attesté par une statue devant laquelle tout voyageur intelligent aime à s'incliner. Strasbourg, aux bords du Rhin, touche au duché de Bade, à la Prusse rhénane, au royaume de Bavière; elle est la première ville qu'il faille atteindre quand les marchandises arrivent du monde oriental pour se répandre dans les contrées de la France, de l'Angleterre, de l'Italie, de l'Espagne, du Portugal. Le transit opéré par les commissionnaires de Strasbourg ou surveillé par leurs soins est énorme, on peut le dire. Ce serait outrager le bon sens que de marchander à Paris le crédit du premier de ces commissionnaires, surtout s'il a joint à son commerce un comptoir de banquier.

Qu'auraient dit et justement pensé les graves négociants de Strasbourg, si, le 4 janvier de la présente année 1869, M....... leur avait déclaré qu'il refusait les ordres d'achat qui lui étaient adressés par la maison .... ? Ils auraient crié avec juste raison contre la tyrannie des Parisiens et les abus de cette concentration de toutes les forces vitales qui non-seulement veut réglementer la vie matérielle, mais encore aurait osé soupeser la valeur morale, le vieil honneur de la cité de Strasbourg! Ces récriminations auraient été méritées.

En toutes matières, dit une règle de droit. on doit rechercher le commencement, *initium inspiciendum*. Donc, au commencement, les opérations ont été bonnes et légitimes ; nul n'aurait songé à les empêcher, elles ont continué sans imprudence, dans les forces présumées de la maison . . . ., agissant pour son propre compte ou celui de ses commettants. Si elles n'ont été qu'un pari de la part de M. Henry, M. . . . . . . n'en a pas été cause, et on ne peut pas dire qu'il ait été le complice d'un joueur.

Par toutes ces raisons, l'avocat soussigné pense que la créance de M. . . . . . . doit être admise au passif de la faillite.

Fait et délibéré à Paris, le   avril 1869.

F. MALAPERT.

J'adhère à la présente consultation tant sur les

déductions tirées des faits établis que pour les principes qui sont à mes yeux incontestables.

Ad. CRÉMIEUX.

J'adhère à la consultation ci-dessus qui me paraît irréfutable en droit et en fait.

Paris, 15 avril 1869.

Léon DUVAL.

653. — Paris. — Imp. Poitevin, rue Damiette, 2 et 4.

9 782019 979843